화엄사 홍매화

화엄사 홍매화

류인명 시집

신아출판사

| 시인의 말 |

내 안에 말하지 않은 말들이 시가 되어
숙성을 기다리지 못하고 내놓으니 마음이 놓이질 않는다

오래도록 세상에 남아
내 시를 읽어주는 사람들로부터 사랑받는 시 한 편 써보려고
오랜 밤을 뒤척였지만

나는 여전히
좋은 시 한 편을 갈망할 뿐이다

좋은 시란 삶의 모서리에
마음을 다친 사람들을 위무해주고
아픔을 함께 하는 그런 시가 아닐까

그러기에
"시는 삶으로 써야 한다"는 말이 마음에 걸린다
이 한 권의 시집이 고독과 싸워서 얻은 전리품이라 할지라도
그 어떤 울림이 없다면 무슨 의미가 있을까

그러나

"삶이란 자기 자신에게 도달하기 위한 긴 여정이다"는 말로
위안을 삼으며 나에게 이르는 날까지 이 길을 멈추지 않으련다

시는 나에게
수행의 한 방편이기에

2024년 상강霜降에

류 인 명 쓰다

| 차례 |

시인의 말 • 4

제1부

시인의 길 • 12
내 고향 청호지 • 14
찔레꽃 · 1 • 16
키 큰 느티나무 • 18
찔레꽃 · 2 • 20
벌초 • 21
청보리밭을 걸으며 • 22
석불산 • 24
쓸쓸한 졸업식 • 26
변산 바닷가 • 28
낮달 • 29
바람이 되어 • 30
고맙다 • 32
혼밥 • 34

제2부

백팔참회 • 38
나를 묻다 • 40
산사의 길 • 42
바람의 종소리 • 44
담쟁이넝쿨 • 46
물소리 • 48
연꽃 향기 • 50
적멸보궁 • 52
죽비 • 53
공空 • 54
소신공양 • 55
화엄사 홍매화 • 56
홍시 하나 • 58
연등 • 59

제3부

가을억새 • 62
덫 • 64
벚꽃, 지다 • 66
무임승차 • 67
선물 • 68
비움 그 너머 • 70
목련나무 아래 서 • 72
세 치 혀 • 74
난향 • 75
하루살이 • 76
무설설 • 77
겨울산 • 78
노을빛 우정 • 80

제4부

불타는 내장산 • 84
해바라기 • 86
석류 • 88
코스모스 길 • 89
변산 바람꽃 • 90
설야雪夜 • 92
파도, 그 쓸쓸함이여 • 94
나비 한 마리 • 96
동백꽃 피면 • 98
다른 한 짝 • 100
흔적 • 102
허공을 뒹굴다 • 104
그런 사람 • 105
보랏빛 그리움 • 106

제5부

유월 쑥국새 · 110
푸른 노송 · 112
만석보 · 114
나를 슬프게 하는 것 · 116
무법자 · 118
시그널 · 120
직소폭포 · 122
아, 잊으랴 · 124
영원한 등불 · 128
천둥소리 · 131

평설 · 134

제1부

시인의 길

시는
내 삶을 끌고 가는 에너지이기에

오늘도
나는 시를 쓴다

세월이 흘러
먼 훗날

내 한 편의 시가
외롭고 가난한 슬픔에게 손을 내밀어
그 슬픔을 나눌 수 있다면

나는 죽어도 죽지 않으련만
그 길은
여전히 멀기만 하다

그러나
시는 내 존재이기에

내 안에
꿈틀거리는 시의 광맥을 찾아서
그 길을 가리라

나에게 이르는
그날까지

내 고향 청호지

한달음에 달려가
내 유년의 고샅을 물끄러미 내려다보니

지난날이
물결무늬로 떠오른다

게 잡고 맛 캐고
나문재 뜯어 주린 배를 채우던
그 너른 갯벌도

허리띠 졸라매고
내가 나를 오르던 그 아득한 강둑길도
저 물속에 잠들지 못하고

밤마다
밤을 뒤척이는데

허기를 나누며 오르던
에베레스트산보다 높은 보릿고개 이웃들
다 어디로 가고

물속에 잠든
석곶리石串里 그 자리

울 어머니
눈물이 일렁이고 있다.

찔레꽃 · 1

울컥, 생각이 나면
백리 길 한숨에 달려가 산소 앞에 엎드리지만

불러도 대답 없는
어머니

한 세상
어둑어둑 밭이랑에 땅거미 내릴 때까지
설움을 찍으시던 어머니

당신은
나의 눈물입니다

불효자식 망부석 되어
내 유년의 고샅을 내려다보니
설운 그 자리

하얀 찔레꽃으로
피어오르는 울 어머니

살아생전

당신 가슴에 안겨드리지 못한 꽃다발 한아름
산소에 바칩니다.

키 큰 느티나무

종일
바람이 불었다

빈 들녘에 키 큰 느티나무 한 그루
너도 거기 흔들리고 서 있구나

한 철
그 푸르던 잎 다
내려놓고

묵언으로
동안거에 들고자 해도 바람이
널 놓아주질 않는구나

그 자리
내가 나를 바라보고
서 있을 때

바람의 말

삶이란
다 그렇게 흔들리며 사는 거라 한다.

찔레꽃 · 2

산책길에서 만난
찔레꽃 한 무더기 쌀밥처럼 하얗다

아침 햇살에
그렁그렁

보리 밭둑
찔레 숲에서 여치가
울었지

나는 별처럼 서러워
어릴 적 청보리밭 이랑을 일렁이고 가는
한 줄기 바람이 된다

하굣길
찔레순 꺾어 먹으며
허기를 달랠 때

먼 산
뻐꾸기 울고 있었지.

벌초

산소에
풀을 베었다

틈날 때마다
백 리길 달려가 부모님 산소에
풀을 뽑지만

돌아서면
다시 일어서서 바람과 맞서고 있는
저 무성한 깃발들

뿌리 없는
나무가 있던가

부모님
누워계시는 무덤가에 웃자란
풀을 베며

생전에
불효를 뉘우친다.

청보리밭을 걸으며
— 온글 시반들과 고창 청보리밭을 가다

청보리밭
사잇길을 걸어가면

울 어머니
푸른 물결 위로 어릿어릿 걸어오신다

오월의
싱그러운 하루가 이리도
눈이 부신데

내 어린 시절
청보리 익어가던 그 봄날의 하루는
왜 그리도 길었던지

지금은
보릿고개가 청보리 축제 되어
그 웃음소리 따라가면

별이 쏟아지던 밤
마당에 모깃불 피우고 멍석 위에 앉아

청맥 죽 홀홀 마시던
울 어머니

울컥
목이 멘다.

석불산

언제나 그 자리
미륵불처럼 고향을 지키고 서 있는

높이 솟은
석불산石佛山*

그곳에
내 뿌리가 잠들고 있다

유년 시절
어머니 발자국 따라 비탈길 더듬어
외진 암자에 올라

내 작은
불佛씨를 심었다

등하굣길
너를 보고 나를 오르던
그 산이여

소풍 끝나는 날
다시 네 품에 돌아가 적멸에 들리라.

---

*석불산石佛山: 부안군 하서면 소재 해발 288미터 임진왜란 (선조 25, 1592년)때 선조 임금을 의주까지 호위한 고희장군의 사당 효충사가 있다.

쓸쓸한 졸업식
― '배움터 지킴이'의 교정일지

강당도
운동장도 조용했다

코로나 팬데믹으로
꽃다발도 학부모도 없는 쓸쓸한 졸업식

그래도
아이들은 처음 입어보는 가운이 좋다고 삼삼오오
앵글에다 시선을 맞추며 추억을 남긴다

그들 틈에
내 얼굴 내미는 순간

아직도
지워지지 않은
흔적

"졸업은 끝이 아니라 또 다른 시작"이라며
친구들은 대처로 유학을 가거나
다시 진학을 하는데

졸업장 손에 꼭 쥐고
삼십 리 길 삼간 들녘 북풍을 안고 집으로 향하던
그 발길

그날

나는 길 잃은
한 마리 어린 사슴이었다.

변산 바닷가

파도 소리가
나를 불러 한걸음에 달려갔다

모래톱에
그 많은 발자국들 다
어디로 가고

나 홀로 출렁이는
빈 바닷가

망연히
지는 해를 바라보고
서 있으면

불덩이 하나 수평선을 핏빛으로
물들이고 있다

언젠가
나도 저리
서쪽 하늘 붉게 물들이고 싶다.

낮달

낮달 하나
하늘 가에 걸려있다

한평생
비단옷 곱게 차려입고
밤길 걷다 가신

울 어머니

빈 들녘에
홀로 서 있는 키 큰 느티나무 한 그루
종일 지켜보시다

온누리에 땅거미가 내릴 때
둥근달로 오시는

울 어머니

나를 꽃 피우려
그렇게 살다 가셨는데

바람이 되어

심장 초음파실
환자복을 입고 천정을 향하여 누웠다

실내등이 꺼지고
차가운 물체가 여기저기
들여다보며

무거운
침묵이 흘렀다

긴 터널을 지나
문밖 대기실에서 내 호명을 기다리는 동안
생각이 생각을 딛고 간다

언젠가
생의 저녁이 오면

이렇게
초조한 마음으로 염라대왕의
호명을 기다릴까

잠시 한 줌 바람이 되어
저 높은 곳을 향하여 오르고 있을 때

내 이름
부르는 소리

고맙다
― 계묘년癸卯年을 보내며

한 해가
또 저물고 있다

어디로 가는 줄도 모르면서 내 그림자만
보고 달려온 길

한 해의 끝자락에서
해일처럼 밀려오는 내 지난 삶의
페이지를 들춰보니

하늘이 준 운세를 누리며
여기까지 큰 탈 없이 달려왔으니

고맙고 고맙다

그러나
아직은 갈 길이 먼데
해가 저물어

내 영혼의
묵정밭에 바람과 맞서며 웃자란 그 가지

다시
신발 끈 동여맨다.

혼밥
— 아내의 생일날 아침에

아침 식탁을 앉으니
병실에 혼자 누워있을 아내가 생각나

울컥
목이 멘다

그녀는 나를 만나
다섯 새끼 안고 업고 나를 따라다니며

철새처럼
둥지를 틀었다

자기 가슴 파 먹이며 기르고 가르쳐서
민들레 홀씨처럼 날려 보내고

빈 껍데기만 남아
뼈 마디마디가 숭숭 뚫리는 골다공증에
허리 협착까지

이 병원 저 병원
찾아다니며 치료를 받았지만
헛수고였다

날로 더해가는 통증
더는 견딜 수 없어 서울 k대병원에서
두 번의 큰 수술을 받았다

모진 풍파 다 견뎌내며
살아온 여자

서로 다른
나무 두 그루가 하나로 만나 가지 하나 아프면
그 아픔 함께 느끼는

당신과 나
연리지連理枝가 되어 살아온 날이
벌써 60년

그러나

두개의 레일이
때로는 평행선을 달리며 녹슨 세월이
가슴을 누른다

누가 부부 싸움을
칼로 물 베기라 했던가

아내에게
전화를 걸었다

오늘이 당신 생일인데
퇴원하면 어디 좋은 곳 여행이라도 가자고……

사는 게
이런 것일까

아내의 생일날 아침
꾸역꾸역 혼자서 밥을 먹었다.

제2부

백팔참회

언제나 그 자리
결가부좌로 선정에 들고 있는 부처님

그 앞에
백팔참회하며 절합니다

한 생애가
몸과
입과
생각으로 지은 죄

항하恒河의 모래알보다 더 많아
오체투지로

나를
내려놓으면

온몸에서
비 오듯 흘러내리는
죄의 찌꺼기

내 안의
가시가 빠져나간 듯 업장이 녹아내리고

그 자리에 차오르는
법열法悅이여

나를 묻다

법당에 가부좌로
내 안의 나를 꺼내어 찬찬히 바라본다

텅 비우면
온 우주를 품에 안고도
남지만

한 번 접으면
바늘 하나 꽂을 자리 없는
내 마음

생의 저녁이 오면
무엇이 나를 증언해 줄까

언제나 그 자리
결가부좌結跏趺坐로 앉아 계시는 부처님
나를 묻는다

할喝*

너는
몇 근인가.

---

* 할喝: 언어로 표현할 수 없는 불립문자의 진리를 깨우치려는 고함이다.

산사의 길

굽이굽이 금산사 가는 길이
봄을 활짝 피웠다

가지마다
폭설로 뒤덮인 눈꽃이
절정이다

산모퉁이 돌고 돌아
석양의 재를 넘으면

뉘엿뉘엿
눈부신 벚꽃 길이 화엄의 세계다

언젠가
내가 돌아가는
그 길도

저리
꽃비가 내렸으면

금산사 가는
벚꽃 길

오랜만에 아내의 얼굴에도
벚꽃이 활짝 피었다.

바람의 종소리

산문에 들어
산의 침묵을 새기며 산을 오른다

진달래꽃
한 무더기 환하게
나를 반겨

그곳
빈 의자에 흐르는 물소리
듣고 있으면

바람결에 실려오는
염불 소리

이 뭣고?

화두 하나
그 질문을 던지며 대원사
절 마당에 올라서니

대웅전
추녀 끝에 바람의 종소리

세상의
알음알이를 모두 내려놓으라 한다.

담쟁이넝쿨

묵언하며
천애의 절벽을 오르고 있다

다시
내려갈 수 없는 길

온몸으로
벽을 더듬어 오르고 또 오르는 저
아슬아슬한

담쟁이의
낮은 포복

무르팍
가슴팍이 깨져도

세찬 비바람에도
끝끝내 잡은 손 놓지 않고

내 안의
나를 오르고 있는
담쟁이의

멀고 먼
면벽 수행의 길

물소리

청산
그 푸른 심장이 내어놓는 소리

물 같이
살라하네

쉬지 않고
자신을 씻어내리는 맑은
물소리 따라

하산 길에
들어서면

주문을 외우듯
속삭이는 저 계곡 물소리

낮은 데로
내려가라 하네

바다는
낮은 곳으로 흐르는 겸손이 모여
사는 곳이기에

내려가야
외롭지 않은 거라 하네

연꽃 향기

연꽃 만나러
아내와 함께 덕진공원에 갔다

등 밝히고
합장하며 물 위에
우뚝 서 있는

저 불보살의
화신

사바세계
오욕칠정 물들지 않고

시련도
유혹도 지그시 눌러
꽃을 피우면

저리 맑고
향기로운 것을

오랜만에
아내와 같이 연꽃 문장을 읽으며

근심 걱정
모두 놓아버렸다.

적멸보궁

금산사
푸른 소나무 아래

작은 돌탑
하나 쌓았다

합장하고
돌아서서 반야의 계단을 딛고
적멸보궁에 오르면

부처도 없고
스님도 없고

법당 밖에
허공을 이고 서 있는
사리탑만

적멸에
들고 있었다.

죽비

화엄사
불교용품점에서 죽비 하나 구했다

곁에
두는 것만으로도

방棒과
할喝이 되리라는 생각으로

내 안에
부처를 모시고도

부처의 주소를 찾아
여기저기 밖으로만 기웃거리던 내
어리석음

탁······

죽비竹篦 소리가
나를 깨운다.

공空

허공은
텅 비어있어 가득한데

비우지 못한
내 마음

탐貪
진嗔
치癡
삼독으로 가득하네

비움은 곧 채움인 것을

나를
비우지 않고

어떻게
부처를 이룰 수 있을까

소신공양

개똥벌레가
자기 몸에다 불을 지펴

어둠을
밝히고 있다

언제부턴가
도시의 밤하늘에서 사라진 그
무량한 별들이

숲의
전령이 되어

자신을 태워
무명을 밝히는 저
반딧불

작은 미물도
저리 어둠을 밝히는데

나는

화엄사 홍매화

간밤을 설치고
달려왔다

산수유 노란 물결 따라 달려온
구례 화엄사

절 마당 가로질러
대웅전 앞 돌계단을 올라서니

각황전 곁에
삼백 년 예불로 키운
홍매화 한 그루

그 향기
도량에 가득하다

활활
타오르는 저 불꽃 찾아

전국
여기저기서 날아든 불나비들의
야단법석

그 속에
나도 풍덩 빠져버렸다.

홍시 하나

감나무 가지 끝에
작은 등 하나

허공을
환하게 밝히고 있다

한 생애가
천둥과 사나운 비바람에 맞서
떫은맛 다 우려내고

묵묵히
소신공양 기다리며

그 꿈
꽉 붙잡고 있는

가난한
저 고집固執 하나

연등

법당에
작은 등 하나 내걸었다

하얀
목련처럼 고운
사람

무명을
밝히는 등불이 되길
발원하며

내 가난한 마음
담아

꺼지지 않는
마음의 등 하나 밝혔다

부처님
오신 날

제3부

가을억새

바람이 목놓아 울다 간 자리
내가 홀로 서 있다

지난날
서슬 퍼렇던 그
칼날들이

마른
삭정이가 되어

서로가
서로를 기대며 은빛 물결로
일렁이고 있다

한 생애가
만고풍상 다 견뎌내고
노을 앞에서

백발을 흩날리며

비틀거려도 고꾸라지지 않으려고
서걱거리는 저

붉은
내 울음이여

덫

어둠이 내릴 무렵
잠자리 한 녀석 거미줄에 걸려들었다

헛짚어
잘못 들어선 길

삶과
죽음의 끝자락을 붙잡고
바닥을 쳐봐도

파닥일수록
옥죄어 오는 결박

바람도
무심하다

턱 밑에서
회심의 미소를 짓고 있는
저 눈빛

한 치 앞도 모르면서
한눈팔다 거미 밥이 되어버린 잠자리

나를 벗어나려
그토록 발버둥댔을까.

벚꽃, 지다

하늘에서
눈발처럼 꽃비가 내린다

활짝
피우기 위한
세월

하얀 속살이
한바탕 뜨겁게 달아오르며 눈부시더니

잠깐인 것을

서로가
앞다투어 흩어지는 저
하얀 꽃잎들

언젠가
너도 지고 나도 지리라.

무임승차

승차권도 없이
경로석에 몸을 싣고 달려온 인생 열차

2024호도
저물고 있다

꿈 많던
어린 시절이 어제 같은데

그 잔인한
세월의 레일을 질주하며 내 그림자만 바라보고
달려왔다

돌아보면

빈손으로 왔다가 빈손으로 돌아가는
나그넷길

이제는
빈 지게 벗어놓고 싶다

선물
— 외손자 상훈이가 보낸 굴비

설 대목에
상훈이가 보낸 택배가 도착했다

조심조심
판도라 상자를 여는 순간

영광굴비 열 마리가
푸른 바다를 눈물처럼 머금고
나를 바라보고 있었다

멀리
칠산바다에서 성난 파도가 밀려오고 그 위로
오버랩되는 얼굴

어미 따라 왔다 갈 때마다
터미널까지 데려다주고 돌아서면

다시
내 뒤를 따라오던
그림자

강물은
무심히 흘러

너는 중심이 되고
나는 아웃사이더가 되었구나.

비움 그 너머

옷장을 정리했다

지난날
아끼고 정들었던 내 날개들이

나와 함께
늙어가고 있었다

들었다
놓았다를 몇 번씩 반복하다
그만

"고마웠다"는
작별인사와 함께 상자에 담고 말았다

채움으로
만족했던 것들이 비움으로
홀가분해졌다

언젠가
버리고 가야 할 내 것 아닌
내 것 들

이제는
나를 비워 가볍게 살아야겠다

목련나무 아래 서

4월의
푸른 하늘을 날아오를 듯

허공을
톡톡 쪼던 하얀
새 떼들

골목
한 모퉁이를 환하게
눈부시더니

우윳빛 가슴이
타다 남은 폐지처럼 정든 가지를
시나브로 떠나고 있다

저 무거운
결별

살면서

꼭 알아야 할 일은
떠나는 일

목련이 지는 나무 아래서
그 뒷모습을 본다.

세 치 혀

혀는
몸을 베는 칼이라 했던가

무심코
던진 돌팔매 하나

풀섶에
깃들어 사는 개구리

생사의
갈림길이 되듯

생각 없이
뱉어버린 내 말의 화살

구업의
업장이 되어

무간지옥에
던져질까 두렵다.

난향

꽃대 하나
긴 겨울을 밀어올렸다

오랜
인고 끝에 얻은
심지 하나

자세히 들여다보니 말벌 열 마리가
날아갈 듯 날개를 세웠다

거실 가득
은은한 향기 속에
눈을 감았다

난의 향기
백百 리를 가고

사람의 향기
만萬 리를 간다 했는데

나는?

하루살이

오늘도
하루가 무심히 가버렸다

한 생애가
세월의 벼랑 끝에서

지나온 길
뒤돌아보니 한바탕 꿈이었다

이젠
하루를 덤으로
생각하며

어제도 없고
내일도 없고

오로지
오늘을 살다가

그날이 오면
홀연히 바람으로 가리라.

무설설

한 무리의 바람이
길바닥을 쓸고 가버린다

잠시 머물다
사라질 내 것 아닌
내 것들

나뭇잎이
지고 있다

나무들은
놓아야 할 것이 무엇인지를
잘 알아

때가 되면

제 살점 뚝뚝 잘라내는
나뭇잎들의

저 말 없는
말들

겨울산

나무들이
침묵으로 서 있다

나만
혼자서 견디는 줄 알았는데

나무들은
알몸으로 산을 지키고
서 있었다

산다는 건

순간을
견디는 일

묵묵히
그렇게 견디다 보면 봄은 다시 오고
꽃이 피나니

침묵은
견디는 것임을
알았다

가슴 깊이 묻어둔
울 어머니 그 속울음처럼

노을빛 우정
— 부안중학교 11회 동창 모임(24.5.22)

하얀 억새꽃이
다시 연둣빛 잎새가 되어 만났다

서울에서 광주에서
전주에서 부안에서

세월에 떠밀려
뒤늦게 마주한 얼굴과 얼굴들

우린
너무 멀리 와버렸다

이름도
얼굴도 가물가물 은빛 머리
소년들이

잘려나간
파란 구름의 조각들을 주어담으며
서로 하나가 되어

다 함께
교가를 합창했다

"변산이 황해로 뻗어나가듯
배워서 새 나라에 바칠 우리들"……

아,
얼마나 가슴 뜨거운
교가였던가

만찬이 시작되고
지역 대표들 건배사에 술잔을 부딪치며
"위하여"를 외쳤다

뒤늦게 달려간
내 고향 변산 바닷가

지는 해가
왜 이제 왔느냐는 듯 우리를

물끄러미 바라보며

수평선을
붉게 물들이고 있었다

우린
모두가 외로운
이방인

언제 다시 만나자는
기약도 없이

서로가 잡은 손을 놓고 작별의 건너편을
바라보며 돌아설 때

뉘엿뉘엿
변산이 저물고 있었다.

제**4**부

불타는 내장산

설악에 타던 불
내장산으로 번져 활활 타오르고 있다

구름처럼
밀려오는 인화의
물결 따라

벽련암에 올라
서쪽 하늘 내려다보니 눈앞에 재비봉이 날아들고

동쪽 하늘 올려다보니
서래봉에 걸린 흰 구름 한 조각이
신선처럼 한가롭다

천상은
어디인가

여기가
무릉도원인 것을

그곳
안양루에 누워 푸른 하늘 올려다보며
서원 하나 세웠다

옴唵……

해바라기

해를 바라보다
해를 닮아버린 해바라기

언제나
환한 웃음으로
살지만

그 가슴
까맣게 타버렸다

뙤약볕에
목이 돌아가는 줄도 모르고

한 생을
해만 바라보고
살아가는

일편단심
해바라기

하늘과
땅 사이 사랑은
너무 멀어

오늘도 키를 높이 세워
외발로 서 있구나.

석류

속으로만 앓던 가슴앓이 더 이상
견딜 수 없어

그 가슴
터지고 말았다

캄캄한
골방에서 홀로 뒹굴며 사무치다가
핏빛 사리가 되었구나

얼마나 뜨거웠을까

이제는
쏟아놓으리라

가슴 쪼개져 잉걸불로 이글거리다
알알이 익어버린

그 붉은
사리솔利

코스모스 길

가을 바람에
한들한들 흔들리고 서 있는 코스모스

울긋불긋
꽃잎마다 발레나처럼
춤추고 있다

그리움이
알알이 익어가는 계절

가녀린 허리 뽐내며
바람에 날아갈 듯 하늘거리는
핑크빛 사랑도

언젠가
너와 함께 걷던 길

9월이
손을 흔들며 가을 문턱을 넘고 있다.

변산 바람꽃

우슬재 넘어
산길 따라 물어물어 달려왔다

아직은
바람끝이 차가운
봄의 초입

무엇이
그리도 급해서

그 가녀린 몸
겨울 산을 이리 불쑥 밀어 올리셨는지

가슴에다 품고 싶은
너 바람꽃이여

언제나
내 곁에 있어주길
바라지만

너는
바람처럼 왔다가
바람처럼 가버리는

못다 그린
바람의 흔적

설야雪夜

12월의 밤하늘이
하얀 불티가 되어 뛰어내리고 있다

먼 하늘가로
잊혀진 지난날의
이야기들이

사르륵사르륵
어둠을 밟아오는 소리

눈이 내리는데
내 가슴에 하염없이 내리고 또 내리는데

아직도
잠들지 못하는 바람이
길을 잃고

발길마저
뚝, 끊어진 밤

어디선가
들릴 듯 들리는 듯 네
발자국 소리

어둠을 털어 내리는 흰 눈발이 되어
소복소복 나를 덮는다.

파도, 그 쓸쓸함이여

해일처럼
밀려오고 있다

다시
뒤돌아 달려오는 너 파도여

뭍을 향한
네 그리움이 파도가 되어

억겁의 세월

천형의 죄인처럼
하얗게 부서지며 망망대해 넘고 넘어
달려오지만

더이상
오를 수 없는 그 높은
벽 앞에서

오늘도
산산이 부서지며 울부짖다가
썰물로 돌아서는

파도
그 쓸쓸함이여

나비 한 마리

어디선가
불현듯
날아든 나비 한 마리

꽃들이
환하게 웃으며 꼬옥
보듬는다

나비는
자기 집 드나들 듯

이 꽃 저 꽃
꽃들의 치맛자락을 들춰보며
뜸을 들이다가

다른 꽃
향기 찾아

훨훨

바람과 함께 담장 너머로
날아가 버리는

저 무심한
나비 한 마리

동백꽃 피면

다시 가리라
그곳에

동백꽃 피면
마음에 맞는 시반詩伴과 함께
꿈을 꾸듯

미황사美黃寺에
또, 가리라

기암 괴봉이
능선 따라 공룡의 등줄기처럼 늘어선
한반도의 땅끝

달마산
도솔암에 올라

물 위에
둥둥 떠 있는 작은
섬들도 보며

바다와 육지가 만나는 남도의
천년 숲길 따라

그곳에
다시 오르리라.

다른 한 짝

누가
흘리고 갔을까

저무는 길바닥에
신발 한 짝이 잃어버린 제 짝을
애타게 기다리고 있다

한 생애가
누군가를 위하여 밑바닥으로
살아왔을

저 세월의
무게

바람이 혼자 남은 신발 속을 기웃거리다
서둘러 가버린다

어둠이 길을 지워도
오지 않는 반쪽을 기다리며

붙박이처럼
그 자리 꼭 지키고 있는 저

검정 하이힐
한 짝

흔적

붙잡을 수 없는
너를 놓아주고 돌아서던 날

할 말을 꾹 눌러
삼켜버렸다

강물은
무심히 흘러

앞산이
몇 번씩 계절을 바꿔가며
옷을 갈아입도록

단단히
잠가버린 너의 빗장

돌아서기엔
너무 멀리 가버린 너는
바람의 흔적

어디선가
저도 나처럼 늙고 있으리라.

허공을 뒹굴다

나비 한 마리
지천을 떠돌다 짝을 만났다

둘이서
바람개비가 되어

서로가
하나로 엉클어져 오르락내리락
허공을 뒹군다

하하
호호

저 아슬아슬한
불장난

나도 한 마리 나비가 되어
허공을 날아올랐다.

그런 사람

차를 마신다

잘 우려진
그윽한 향을 마신다

차茶와 선禪이
하나이듯

잘 익은
마음과 마음이 만나

서로를
나눌 수 있는

지란지교芝蘭之交 같은
그런 사람 하나

내게 있으면
참 좋겠다

보랏빛 그리움

공원
산책길에서 만난 도라지꽃 한 송이

가녀린 허리를 뽐내며
나를 손짓했다

가까이서
눈 맞춤하면 수줍은
그 미소

산책길에서
너를 만나는 기다림이 유일한
내 즐거움이었는데

아무도
캐가지 못하도록 가슴 깊이
심어둘 것을

여기던가
저기던가

아무리 찾아봐도
네 모습 보이지 않고

그 자리
보랏빛 그리움만 피어오르고 있었다.

제5부

유월 쑥국새

아침부터
어디서 쑥국새 우는 소리 들린다

전쟁에 나가 잃은 자식
가슴에다 묻고

여기저기
그 이름 부르며 실성이다
넋 새가 되어

유월이 오면

설움이 도져
울다 그치고 또 울다 그치고 저 쑥국새
흐느끼는 소리

자식을
먼저 보낸 부모의 슬픔을
참척慘慽이라 했던가

까마귀 한 마리
허공을 날으며 깍깍 내지르는 소리

세월이
약이라 한다.

푸른 노송

구름도 누워서 가는 지리산
와운臥雲 마을

그 뒷산 자락에
푸른 노송 한 그루 우산을 펼쳐놓은 듯
우뚝 솟아

마을을
지키고 서 있다

두꺼운 갑옷이
아픈 역사를 말해주는 듯
묵묵히 서 있는

저 푸른
할머니 소나무

작은 씨앗 하나
이 마을을 수호하는 천년 노송이 되기까지
한 세월이 빗금을 긋는다

두 팔을 벌려
네 가슴에다 얼굴을 묻고

천년의
바람 소리를 듣는다.

만석보
― 동학농민군의 발자취를 따라가다

배들 평야의 물길을 막아
까맣게 타던 농심이 말목장터에서 갑오년의 불길을 당겼다

그들은 외쳤다
사람이 사람답게 사는 세상을

사람답게 못 살 바엔 사람답게 죽자는 함성은 뜨거웠고
그들의 흘린 피가 강물이 되어 흘렀다

그 작은 물줄기가
역사의 격랑이 될 줄이야

그것은
인내천人乃天

'사람이 곧 하늘'이라는 믿음으로 자유와 평등 그리고
민족의 자주가 실현된 나라를 세우고자 들불처럼 일어섰던
아래로부터의 혁명이었다

그 분노의 들녘을 가로질러 만석보萬石洑에 이르니
멀리 백산과 죽산에서 죽창 든 하얀 농군들의
함성이 들린다

그 함성
통일의 그날로 이어지리라.

나를 슬프게 하는 것

그곳을 떠나온 지
벌써 25년

옷장에만 갇혀
나와 함께 늙어가던 제복을 놓아주었다

언젠가
내 영전의 수문장이 되는 날 널 놓아주려 했는데
우리 인연도 여기까지다

불현듯
"인생여백구과극人生如白駒過隙"이란
고사가 생각난다

경찰관

그들을
생리적으로 싫어하는
사람도 있었다

그러나

그들은 속으로 많은 눈물을 흘리는 것을 배우며
살아온 사람들이다

차가운 머리와 따뜻한 가슴으로
오직 법과 정의가 바르게 서는 나라를 세우고자
푸른 날을 잉걸불로 태웠다

그런데
나를 슬프게 하는 것은

선배들이 쌓아 올린
국민의 신뢰가 한순간 무너져 내릴 때이다

그래서

한 번 경찰은
영원한 경찰이다.

무법자

세상은
칡넝쿨처럼 어우러져 살라 하지만

너는
염치를 모르는
무법자

백 리 길
내 땀으로 가꾼 산소를
무단 점거하고도

그도 모자라
선영을 지켜온 푸른지기들의 목을 조이고
그 꼭대기까지 기어올라

깃발을 펄럭이는
무리를 두고 볼 수 없어
새벽부터 달려왔다

종일
칡과의 전쟁을 치르고
돌아설 때

푸른 노송들이
환한 얼굴로 손을 흔들어주고 있었다.

시그널

매미 한 마리
발코니 창턱에서 어둠을 달구고 있다

겨우 보름 남짓
삶을 위해

칠 년
그 어둠의 장막을 걷어내고
세상에 와서

온 대지를 뜨겁게 달구며
울다 울다 그 자리 허물만 벗어놓고 가버린
네 그림자

시도 때도 없이 울어대는
소음 때문에

너는 사람들의
애물단지가 되었지만

그 절규는

지구의 종말을 경고하는 시그널 같아
가슴이 섬뜩하다.

직소폭포

새소리
바람 소리와 함께 봉래구곡 물소리
따라가면

폭포 소리가
산의 적막을 깨운다

관음봉과
옥녀봉의 팽팽한 물줄기가

쏴아……

깊은 용소龍沼를
내리꽂자

첩첩 산이
온몸을 뒤튼다

천 길 낭떠러지에
우렛소리로 몸을 날리는 내변산의 비경

직
소
폭
포

얼마나
오랜 세월이 흘러야 저 맑은 판소리 완창

내변산의
아픔이 치유될까.

아, 잊으랴
— 6 · 25 74주년을 맞으며

그날 적탄에 맞아 흘린 피가
넝쿨장미로 피어 담장을 기어오르고 있다

1950년 6월 25일 새벽 4시
저 붉은 무리의 기습 남침으로 검은 새벽이 붉게 불타오르고
하늘이 무너져 내렸다

남침 3일 만에 수도 서울이 함락되고
대한민국 중앙청에 붉은 깃발이 펄럭였다

아군은 밀리고 밀려
낙동강 최후 방어선 백척간두 일보 직전에서
나라를 구한 이가 있었으니 그가 바로 백선엽 장군이다

그는 외쳤다
"내가 앞장서겠다 한 발짝이라도 물러서면 나를 쏴라.
돌격 앞으로."

전우의 시체를 넘고 넘어

앞으로 앞으로 낙동강아 흘러가라
우리는 전진한다

시산혈하屍山血河의 혈투 끝에 아군은 반격의 기회를
잡게 되었다

이곳에서
국군 1개 사단이 전사하고 인민군 3개 사단이 궤멸 되었다

다부동에서 송악산에서 철의 삼각지에서 한 치라도
더 차지하기 위해 뺏고 빼앗기는 혈투로 강산은
잿더미가 되었다

그러나

우리는
다시 일어섰다

폐허가 된 땅에서 다시 일어선다는 것은
"쓰레기통에서 장미꽃이 피는 것을 바라는 것과 같다"는
유엔 보고서를 딛고 일어서 우리는 세계 10위권의
경제 대국을 이루었으니

오늘의 이 자유와 풍요는
저들의 꽃다운 목숨의 대가임을
어찌 잊을 수 있으랴

천만 이산가족은
세월 뒤로 모두가 사라져 가는데
언제까지 우린 무심한 강물만 지켜보고 기다려야 하는가

산 자도
죽은 자도 모두가 아픈
6월이다

"자유는 지켜주는 것이 아니라 지키는 자만이 누릴 수 있다"는 이 극명한 진리를 가슴에다 새기며

나는 6월을 쓴다

아, 잊으랴
하늘도 울고 강도 울던 그 날을

영원한 등불
— 면암 최익현 선생의 순국비 앞에서

오백 년 왕조가 시달렸던
대마도에 갔다

이즈하라 수선사(슈켄지)
면암 선생의 순국비 앞에서 눈을 감고 머리를 숙였다

면암勉菴
그는 누구인가

왜와 통상조약의 부당함을 진언하며
궐문 앞에 엎드린 그 옆에는 한 자루 도끼가 있었으니

그것은
목숨 걸고 옳은 말 하려는 선비만이 할 수 있는
지부상소持斧上疏였다

그는 을사늑약의 무효선언과
을사오적의 처단을 요구하는 운동을 펼치셨고

의병을 모아 일제에 항전하다 체포되어 왜구의 소굴
대마도로 끌려갔다

일본군의 끈질긴 회유와 신문에도
단식으로 맞서 갖은 고초를 겪으시다
망국의 한을 품고 이역에서 숨을 거두었으니

아!
슬프고 슬프도다

그러나

당신의 우국 충절의 그 정신은 영원히 꺼지지 않는
민족의 등불이 되리니

---

* 지부상소 持斧上疏: 도끼를 지니고 꿇어 앉아 올리는
상소, 상소를 가납하지 않으면 도끼로 죽여달라는 뜻

이 나라를
굽어살펴 주소서

적국의 나라로 유배되어
만신창이가 된 몸과 가슴에 맺힌 응어리를 새기며

수선사
그 무거운 돌계단을 내려섰다.

천둥소리

하늘이
무겁게 내려앉고 있다

하루를 천년처럼 기다리며
참았던 진노

연일
세상에다 물 폭탄을 쏟아부어
아비규환이다

천둥 번개가
번쩍번쩍 먹장구름을 찢으며

우르르 쾅
지축을 뒤흔드는 천둥소리

가슴이
철렁 내려앉는다.

평설

| 평설 |

류인명 시집 『화엄사 홍매화』와 평상심의 회복

김광원 (시인·문학평론가)

1. 무르팍 가슴팍이 깨져도

 인간이 인간일 수 있는 것은 사유할 수 있는 능력을 지니고 있기 때문임을 부정할 사람은 없을 것이다. 그 사유 능력이란 지금보다 나은 삶을 누리기 위하여 앞으로 어떤 삶을 선택할 것인가를 말할 수 있겠으나, '지금보다 더 나은 삶'의 기준 또한 뚜렷하게 제시될 성질의 것은 아니다. 그러나 어떤 삶의 방향을 선택한다 해도 결국 분명한 것은, 인간은 자기의 정체성에 대한 탐구가 없이는 어떤 화려한 삶을 살아간들 공허하기 짝이 없는 존재라는 사실을 확인하게 된다. 특히 죽음 앞에 서서 이승의 모든 것과 이별하게 될 때가 그런 때일 것이다. 그런 점에서 "나는 누구인가?"라는 물음은 인간이 인간임을 확인하게 하는 중요한 질문이 되며, 인간의 진정한 사유 능력은 자신을 되돌아보는 능력이라는 사실에 도달하게 된다.

맹자는 말하기를, 사람들은 기르던 닭이나 개를 잃으면 곧 찾아 나서면서 마음을 잃어버리면 찾을 줄을 모른다고 하면서, "학문의 길은 잃어버린 마음을 찾는 것일 뿐 다른 것이 없다."고 하였다. 과연 '잃어버린 마음'은 어떤 무엇이기에 과거 현인들과 성인들마다 이를 강조했을까. 중국 선종의 3조 승찬僧璨은 『신심명信心銘』의 첫 말씀을 "도에 이르기는 어렵지 않나니 오직 간택하기를 싫어하라. 다만 미워하고 사랑하고만 하지 않으면 환하게 밝아지리라.""라는 말로 시작하고 있다. '도'라는 것은 이것과 저것에 대한 분별 즉 좋고 싫고 미워하고 사랑하고 등등의 모든 이원성을 초월한 세계를 전제로 하여 전승되는 것임을 먼저 상기할 필요가 있을 것이다.

과연 인간이 일상생활 속에서 잃어버리고 살아가는 마음은 어떤 것일까? 그 잃어버린 마음을 회복하고 살아간다는 것은 또 무엇을 뜻하는 것일까? 보조국사 지눌은 『수심결』에서 "만일 앎을 구하고자 하면 곧 앎을 얻지 못할 것이요, 다만 알지 못할 줄을 알면 이것이 곧 견성이니라.(若欲求會 便會不得 但知不會 是卽見性)"라는 말로 간결하게 정리해 주고 있다. 이 말은 깨달음은 밖에서

---

* 『맹자』'고자편': "學問之道無他求其放心而已矣"
** 『신심명信心銘』은 중국 선종禪宗의 초조 '달마조사'와 2조 '혜가'의 법을 이은 3조 '승찬'이 지은 게송임. "至道無難 唯嫌揀擇 但莫憎愛 洞然明白"

구할 수 없다는 것이며, 알고자 하는 생각을 모두 내려놓고 "오직 모를 뿐" 하고 내려놓을 때 비로소 '참 자아'가 다가온다는 것이다.

위의 "但知不會"라는 말은 결국 "오직 모를 뿐"이라는 의미로 해석되며, 이는 곧 모든 걸 내려놓아 텅 비운 상태이면서 오직 '신령한 알아차림'만 남아 있는 순수의식의 세계라 할 것이다. 이것이 곧 보조국사 지눌이 『화엄론절요』에서 말한 "텅 비어 고요한 마음은 신령한 알아차림이며 어둡지 않다(空寂之心 靈知不昧)"의 세계와 동일한 세계라는 것을 알 수 있다. 류인명 시인의 제4시집 『화엄사 홍매화』를 앞에 두고 필자가 이렇듯 진술하게 되는 것은 이 시집이 담고 있는 주된 세계가 '자기 성찰'이라는 말로 집약될 수 있음을 확인했기 때문이다.

인간이 태어나서 가장 잘 살았다고 한다면, 그것은 자신이 왜 태어난 줄을 알고 그 태어난 사명에 따라 자신의 임무를 잘 수행했을 때 얻어지는 보람이라고 말할 수 있을 것이다. 그래서 공자는 '지천명知天命'을 말했던 것이다. 자신의 천명을 알고 이를 실천하는 일이 인간에게는 가장 큰 순리이며 삶을 펼쳐가는 자의 가장 큰 보람이지 않을까 여긴다. 정국이 불안정한 1960년대에 경찰공무원으로 입문하여 90년대 말까지 초지일관 봉직생활을 해온 류인명 시인이 긴 공직생활을 마치면서 문학을 공부하게 되고, 나아가 시의 세계에 빠져들게 된 것은 지금 생각해 보면 새로운 세계에 대한 도전이었다고 말할 수 있을 것이다.

시인은 퇴직 이후에도 '배움터 지킴이'로서 15년 동안이나 사회

봉사활동을 하면서 동시에 시공부에 몰두하여 3시집까지 발간하였고, 마침내 4시집 『화엄사 홍매화』를 발간하게 되었으니, 이 모든 과정은 결국 앞에서 말한 "나는 누구인가?"라는 물음을 해결하기 위한 긴 과정이 아니었을까 하고 여겨진다. 그의 시를 감상하게 되면, 그의 시 창작의 과정은 결국 자신의 천명을 발견하여 실천하고 그 도의 세계를 익혀나가는 긴 수련의 과정이었음을 알게 된다. 먼저 그의 시 두 편을 감상하면서 자기 정체성을 찾아가는 류 시인의 내면을 살펴보기로 한다.

> 시는 / 내 삶을 끌고 가는 에너지이기에 // 오늘도 / 나는 시를 쓴다 // 세월이 흘러 / 먼 훗날 / 내 한 편의 시가 / 외롭고 가난한 슬픔에게 손을 내밀어 / 그 슬픔을 나눌 수 있다면 // 나는 죽어도 죽지 않으련만 / 그 길은 / 여전히 멀기만 하다 // 그러나 / 시는 내 존재이기에 // 내 안에 / 꿈틀거리는 시의 광맥을 찾아서 / 그 길을 가리라 // 나에게 이르는 / 그날까지
>
> ―「시인의 길」전문

류인명 시인의 시는 전혀 난해하지 않다. 시가 시로서의 기능을 다하고 있다면 난해할 이유가 없다. 쉽게 읽히면서도 그 시가 품고 있는 시적 긴장감과 시적 함유가 조화를 이루어 균형을 이루고 있다면, 난해하여 의미의 단서를 찾기가 어렵고 감상력을 발휘하기 힘든 경우보다 훨씬 시의 가치성을 발휘하는 경우라 할

것이다. 류 시인의 시가 보여주는 또 하나의 특징은 시 행의 배열이 간명하고 각 연의 문장호흡이 길지 않아 대부분 시의 형태가 짧고 단아한 모습을 보인다는 점이다. 그만큼 그의 시는 시어 하나하나에 긴장성과 함축성을 부여하면서 동시에 행과 행 사이, 연과 연 사이에서 발생하는 시적 여백의 미를 최대한 활용하는 모습을 보인다는 것이다.

위의 시 「시인의 길」에는 시인이 시를 쓰는 이유가 분명히 제시되어 있고 시를 통해 무엇을 얻고자 하는지가 드러나고 있다. 이 시는 이 시집의 경향성을 드러내는 나침반의 역할을 한다 하겠다. 먼저 시인은 1~2연에서 "시는 / 내 삶을 끌고 가는 에너지", "오늘도 / 나는 시를 쓴다"라고 말하고 있는데, 이를 통해 시 창작이 시인의 삶에 어떤 비중을 차지하고 있는가를 우선 드러낸 셈이다. 즉 시인에게 시는 그 어떤 무엇보다도 중요한 삶의 가치를 지닌 존재라는 사실을 서두에 밝힌 것이다. 3~5연에서는 류 시인이 시를 창작하는 최종의 이유가 드러나고 있다. "내 한 편의 시가 / 외롭고 가난한 슬픔에게 손을 내밀어 / 그 슬픔을 나눌 수 있"기를 소망하고 있다. 시를 창작한 대가로 '자리이타自利利他'의 삶이 이루어지길 바라는 시인의 순수한 바람이라 할 수 있으리라. 바로 이 지점에서 류 시인의 가치관을 엿볼 수 있는 중요한 단서가 찾아지는데, 자리이타의 삶을 이룰 때 "나는 죽어도 / 죽지 않"는 존재가 된다는 것을 말하고 있다는 사실이다. 자리이타는 인간 삶의 궁극적인 지향점이요, 나아가 그런 실천을 통해 인간의 삶은 진정한 부활로 승화되는 것임을 암시한다 하겠다. 그런데 "그 길은 / 여전히 멀기만 하다"고 하면서 시인은 자신이 앞으로 해야 할 일이 무엇인가를 7~9연에서 분명히 제시하게 되는데, 바로 이 7~9연이 시인이 이 시를 통해 말하고자 하는 핵심 내용이라 할 것이다.

　7연 "그러나 / 시는 내 존재이기에"라는 짧은 내용은 화자의 단호한 의지를 품고 있다. '그러나'라고 하는 이 짧은 접속어를 통해 "시는 내 존재"의 모든 것임을 다시 한번 강조한 것이다. 8연에서도 시의 중요한 단서를 제공한다. 시인이 추구하는 바는 "꿈틀거리는 시의 광맥"인데 이 '시의 광맥'은 다름 아닌 "내 안"에 존재하고 있음을 분명하게 밝히고 있다는 사실이다. 그래서 시인은 바로 "그 길을 가리라" 하면서 그것이 곧 '시인의 길'임을 명시한 것이다. 하지만 화자는 마지막까지 한마디의 말을 아끼고 있다가 9연 "나에게 이르는 / 그날까지"라고 하면서 시의 마무리를 장식한다. 결국 화자는 시인으로서 자신이 추구하는 바의 궁극의 지점이 바로 '자기 자신'이라는 사실을 밝힌 것이다.

　마틴 하이데거(1889~1976)는 휠더린의 시를 분석하면서 "그러면 인간이란 누구인가? 그는 자기의 본질을 증명해야 할 존재이다. … 인간이란 자기 자신의 현존재를 증명한다는 바로 그 점으로 해서 인간으로 존재하는 것이다."라고 말한 바 있는데, 류인명 시인이 「시인의 길」 9연에서 말한 "나에게 이르는" 행위라 함은 곧 하이데거가 말한 "자기 자신의 현존재에 대한 증명"과 일치하는 표현임을 알 수 있다. 어떻게 하여 인간은 자신의 현존재를 증명할 수 있을까? 불교도로서 오랜 기간 공부를 해오고 수련활동을 해온 류인명 시인 역시 자기 삶의 화두는 곧 시의 화두이며, 이 문제가 풀릴 때 '시인의 길'도 풀리고 '먼 훗날' 비로소 "내 한 편의 시가 / 외롭고 가난한 슬픔에게 손을 내밀어 / 그 슬픔을 나눌 수 있"게 될 날도 올 수 있지 않겠느냐는 것이다. 그런 점에서 이 시 「시인의 길」은 시인의 사명을 결코 가볍게 여기지 아니하고 존재론적 차원의 궁극에까지 확장하여 바라보는 류 시인의 태도를 확인하게 하는 작품이라 할 수 있을 것이다.

> 묵언하며 / 천애의 절벽을 오르고 있다 // 다시 / 내려갈 수 없는 길 // 온몸으로 / 벽을 더듬어 오르고 또 오르는 저 / 아슬아슬한 // 담쟁이의 / 낮은 포복 // 무르팍 / 가슴팍이 깨져도 // 세찬 비바람에도 / 끝끝내 잡은 손 놓지 않고 // 내 안의 / 나를 오르고 있는 / 담쟁이의 // 멀고 먼 / 면벽 수행의 길
>
> —「담쟁이넝쿨」 전문

시의 예술에서 은유는 시적 진실의 실체를 보여주는 중요한 통로가 된다. 아울러 그 은유가 시인의 내면을 대변하기 위해서는 시에서 사용되고 있는 모든 구성 요소들이 정교하게 조화를 이루고 있어야 할 것이다. 편하게 이해되고 그 뜻이 다가오면서도 이 시 「담쟁이넝쿨」이 밀도 있는 감동을 줄 수 있는 이유는 이 시의 내면에는 깨달음을 향한 실존적 고뇌와 체험이 진솔하게 녹아 있기 때문이다. 또한 그 고뇌와 체험을 표현하되 개념적 진

술로 손쉽게 전달하고자 하지 아니하고, '담쟁이넝쿨'의 생태적 현상을 통해 면밀하게 재구조화함으로써 시적 화자의 내면세계가 자연스럽게 다가올 수 있도록 그려내고 있기 때문이다.

그러한즉 위의 시「시인의 길」과「담쟁이넝쿨」은 류 시인의 이번 시집 『화엄사 홍매화』의 내용구조를 밝히는 데 중요한 단서가 된다. 시인은 인생 말년의 모든 것을 시를 통해 이루고자 하는 근본적 태도를 보여주고 있다 하겠고, 그 시의 길이라는 화두는 그 어디에서도 해결할 수 없고 근원적으로 자신의 내부에서 해결점이 찾아진다는 사실을 시인은 충분히 알고 있다는 점을 확인할 수 있었다. 인생의 길에서 깨달음은 한 번에 끝나는 일이 아니고 천통만통 끝없이 이어지는 것임을 고려하면, 시인이 우리 독자들에게 보여줄 수 있는 것 또한 무궁무진의 가능성 속에 놓여 있다고 할 수 있을 것이다.

2. 석불산 작은 불佛씨

대승불교의 주요 경전 중의 하나인 『반야심경』에서는 "색불이공 공불이색 색즉시공 공즉시색"이라고 하여 현상계의 상징인 '색色'과 절대계의 상징인 '공空'은 다르지 아니하고 같은 것임을 강조한다. 시간과 공간을 초월한 '공'을 뿌리로 하여 '색'은 출현하게 되었고, '색'은 끝없이 흐르면서 결국 '공'으로 돌아가기에 '색'이 곧 '공'이요, '공'이 곧 '색'이 된다는 것이다. 이 둘은 본래 하나이기에 '불이不二'라고 하는 것이다. 아무리 '공'이 '색'의 뿌리라 해도 시간과 공간의 지배를 받는 현상계 '색'의 세계에서는 그 업에 따라 각기 달라지고 차이가 생기게 마련이다. 특히 인간에게는 선택의 폭이 넓어 자기 삶의 경영은 얼마든지 역량껏 이루어질 수 있는 기본 여건을 지니고 있다 할 것이다.

류인명 시인의 현재의 모습과 그의 현재의 시의 특징을 탐색하기 위해서는 최소한 자신 스스로 밝힌 그의 과거 발자취를 돌아볼 필요가 있을 것이다. 현재의 삶이란 과거 삶의 연장이면서 동시에 과거 삶이 어떤 과정을 거쳐 현재의 삶을 구성하게 되었는지를 살필 수 있는 단서가 되기 때문이다. 시집 『화엄사 홍매화』에 수록된 과거사 중 가장 대표적인 것은 어린 시절의 곤궁 체험과 그 시절 어머니의 애정에 대한 추억으로 나타나고 있음을 들 수 있다. 이런 유년 체험은 곧 현재의 류 시인을 형성시켜온 중요한 요인들이 되면서 아울러 그가 이루어낸 인간적 삶에 대한 독자들의 이해와 신뢰를 형성하게 하는 소재가 된다고 할 수 있을 것이다.

한달음에 달려가 / 내 유년의 고샅을 물끄러미 내려다보니 // 지난날이 / 물결무늬로 떠오른다 // 게 잡고 맛 캐고 / 나문재 뜯어 주린 배를 채우던 // 그 너른 갯벌도 // 허리띠 졸라매고 / 내가 나를 오르던 그 아득한 강둑길도 / 저 물속에 잠들지 못하고 // 밤마다 / 밤을 뒤척이는데 // 허기를 나누며 오르던 / 에베레스트산보다 높은 보릿고개 이웃들 / 다 어디로 가고 // 물속에 잠든 / 석곶리石串里 그 자리 // 울 어머니 / 눈물이 일렁이고 있다.
—「내 고향 청호지」 전문

　류인명 시인의 고향은 부안군 하서면 청호리였는데, 1964년 고향 땅은 물에 잠기고 수몰지역으로 변해버렸다. 청호저수지는 만수면적이 약 430만㎡나 되는 초대형 저수지이며, 계화도 간척사업으로 생긴 드넓은 농경지에 농수를 공급하기 위해 만들어진 것이다. 축조 이후 지금까지 물이 마른 적이 없고 어자원이 무궁무진하다고 전한다. 과거 마을 이름부터가 맑은 호수라 하여 '청호리'였는데 그곳이 현재 청호저수지가 되었으니, 이름부터가 남다르게 느껴지는 지역이라 할 만하다.
　개발이라는 미명하에 선조 때부터 내려오는 고향땅을 그냥 그대로 놔두고 새로운 환경에서 살아가야 하는 한 가족의 아픔은 체험했던 당사자들 아니면 헤아리기 힘든 고통이었을 것임에 틀림없다. 하나, 이 잊을 수 없는 아픔이 더욱 아프게 다가오는 것은 그 수몰지역에는 세상에 둘도 없는 어머니와의 깊은 추억도 함께 잠겨 있는 곳이기 때문일 것이다. 시인의 삶에서 수몰지역인 이 청호저수지는 늘 새롭게 다가오는 현존의 장소로 거듭나게 된 것이다.
　이 시의 구조를 보면, 유년의 고샅을 바라보며 시인은 과거 추억을 물결무늬로 정리하고 있으며, 이 물결무늬는 최종적으로 배고픈 시절, 어머니의 눈물로 대응되고 있음을 보여준다. 그 중간에 배치된 3~4연 "게 잡고 맛 캐고 / 나문재 뜯어 주린 배를 채우던 // 그 너른 갯벌도 // 허리띠 졸라매고 / 내가 나를 오르던 그 아득한 강둑길"은 비록 슬픈 추억을 담고 있으나, 이제 시간적으로나 공간적으로나 영원히 찾을 수 없는 아름다운 한 장면으로 승화된 것이라 할 수 있을 것이다. 특히 류 시인이 즐겨 사용하는 시적 표현이 있는데 "내가 나를 오르던"이라는 표현이다. 이는 삶의 고통을 '자기와의 싸움' 즉 '극기克己'라는 관점에서 바라본 시인의 어법이라 할 수 있겠고, 이는 자신의 내부에서 인간의 실존적 상황을 해결하려는 시인의 삶을 반영한 것으로 보인다.

6연 "허기를 나누며 오르던 / 에베레스트산보다 높은 보릿고개 이웃들 / 다 어디로 가고"라는 내용을 통해 결국 시인은 당시의 가장 큰 고통이 '배고픔'이라는 사실을 다시 최종적으로 정리하면서 수몰지역 "물속에 잠든 / 석곶리石串里"를 시를 통해 영원히 새겨 놓은 것이라 할 수 있다.

언제나 그 자리 / 미륵불처럼 고향을 지키고 서 있는 //
높이 솟은 / 석불산石佛山 / 그곳에 / 내 뿌리가 잠들고 있다
// 유년 시절 / 어머니 발자국 따라 비탈길 더듬어 / 외진
암자에 올라 // 내 작은 / 불佛씨를 심었다 // 등하굣길 /
너를 보고 나를 오르던 / 그 산이여 // 소풍 끝나는 날 /
다시 네 품에 돌아가 적멸에 들리라.
─「석불산」 전문

류인명 시인에게 '석불산'은 시의 내용에서 밝힌 것처럼 실제 육

신의 고향이면서 동시에 가장 깊은 영적 고향의 터전이다. 해발 288미터의 산마루에 오르면 드넓은 서해바다가 한눈에 들어올 것이다. 이런 석불산을 "언제나 그 자리 / 미륵불처럼 고향을 지키고 서 있는"이라는 말로 그려낸 점은 간결하면서도 시인으로서 정리할 수 있는 최선의 표현으로 다가온다. 이 '미륵불'은 4연 "유년 시절 / 어머니 발자국 따라 비탈길 더듬어 / 외진 암자에 올라 // 내 작은 / 불佛씨를 심었다"에 등장하는 '어머니'와 대응을 이루는 시어라 할 것이다. 점점 나이가 들고 긴 세월이 흐르면서 어린 시절 어머니와 함께 오른 '석불산'은 곧 육신의 어머니를 상징하면서 동시에 어린 시절 가슴속에 품었던 불佛씨 즉 '미륵불'을 뜻하는 정신적 상징어로 키워지게 된 것이다.

6연 "등하곳길 / 너를 보고 나를 오르던 / 그 산이여" 여기에서도 "나를 오르던"이라는 표현이 등장하는데 시인이 평생 해온 일이 '나를 오르는' 일이었음을 짐작하게 한다. 그리하여 시인은 마무리 연에서 "소풍 끝나는 날 / 다시 네 품에 돌아가 적멸에 들리라." 하며 끝을 맺고 있는데, 석불산에서 태어났으니 석불산으로 다시 돌아가겠다는 시인의 최종적 열망을 보여주고 있다. 여기서 '석불산의 상징성을 확장하여 절대계와 현상계, 그리고 현상계의 그 어느 곳이든 모두를 '석불산'의 품으로 여길 수 있다면, 이 시 '석불산의 의미는 참으로 무량한 의미를 지니게 된다 할 것이다.

    울컥, 생각이 나면 / 백리 길 한숨에 달려가 산소 앞에 엎드리지만 // 불러도 대답 없는 / 어머니 // 한 세상 /

어둑어둑 밭이랑에 땅거미 내릴 때까지 / 설움을 찍으시던 어머니 // 당신은 / 나의 눈물입니다 // 불효자식 망부석 되어 / 내 유년의 고샅을 내려다보니 / 설운 그 자리 // 하얀 찔레꽃으로 / 피어오르는 울 어머니 // 살아생전 // 당신 가슴에 안겨 드리지 못한 꽃다발 한 아름 / 산소에 바칩니다.
—「찔레꽃·1」 전문

산책길에서 만난 / 찔레꽃 한 무더기 쌀밥처럼 하얗다 // 아침 햇살에 / 그렁그렁 // 보리 밭둑 / 찔레 숲에서 여치가 / 울었지 // 나는 별처럼 서러워 / 어릴 적 청보리밭 이랑을 출렁이고 가는 / 한 줄기 바람이 된다 // 하굣길 / 찔레순 꺾어 먹으며 / 허기를 달랠 때 // 먼 산 / 뻐꾸기 울고 있었지
—「찔레꽃·2」 전문

「찔레꽃·1」과 「찔레꽃·2」의 내용구조를 보면, 이 꽃이 가져오는 가장 큰 상징성은 당연히 넘기 힘들었던 보릿고개에 찔레순을 꺾어 먹던 배고픔의 추억이라 할 수 있을 것이다. 허나, 시인이 찔레꽃을 시의 영역으로 불러들일 때는 단순히 곤궁의 이미지만을 불러오는 것이 아님을 류 시인의 시에서 확인할 수 있다. 이 찔레꽃은 찔레순을 꺾어 먹는 배고픔의 상징이기도 하지만, "산책길에서 만난 / 찔레꽃 한 무더기 쌀밥처럼 하얗다"(「찔레꽃·2」)라는 표현에서 확인할 수 있듯이 찔레꽃은 '하얀 쌀밥'의 이미지

를 불러옴으로써 그리움의 정서를 환기시키는 금상첨화의 꽃으로 변신한다. 배고픔의 꽃이면서 오히려 그 배고픔을 미적으로 강화하는 '하얀 쌀밥'으로 변신하면서 찔레꽃은 시인의 시에 와서 아이러니의 효과를 충분히 발휘하는 꽃으로 승화된 것이다.

  또한 연작시인 위의 시들에서 작용하고 있는 찔레꽃의 중요한 이미지는 찔레꽃의 흰빛이 가져오는 순수의 이미지라 할 수 있을 것이다. 이 흰 바탕의 순수한 찔레꽃은 어린 시절 배고픔의 눈물을 흡수하면서 가족의 모든 아픔을 끌어안고 극복해나가는 어머니의 거룩한 희생을 상징하는 객관적 상관물이 된다. "한 세상 / 어둑어둑 밭이랑에 땅거미 내릴 때까지 / 설움을 찍으시던 어머니 // 당신은 / 나의 눈물입니다", "불효자식 망부석 되어 / 내 유년의 고샅을 내려다보니 / 설운 그 자리 // 하얀 찔레꽃으로 / 피어오르는 울 어머니"(「찔레꽃·1」) 이런 표현들에서 시인은, 찔레꽃은 곧 어머니를 향한 나의 눈물이면서 동시에 어머니의 사랑을 의미하는 한 상징물이라는 사실을 말하고 있다. 즉 찔레꽃은 화자와 어머니를 일체화하는 대표적 매체로 승화된 것이라 할 수 있을 것이다.

  그리하여 화자는 "울컥, 생각이 나면 / 백리 길 한숨에 달려가 산소 앞에 엎드리"게 되고, 살아생전 하지 못했던 일 "당신 가슴에 안겨 드리지 못한" 찔레꽃 한 아름을 산소에 바치게 된다. 우리는 류 시인의 연작시 「찔레꽃」을 통해 찔레꽃은 단순히 보릿고개 때 피어나는 배고픔의 꽃만이 아니라 흰 쌀밥을 상징하는 그리움의 꽃이요, 그 시절 마음 아팠을 어머니와 하나가 되는 순수한 추모의 꽃으로 승화되는 과정을 확인할 수 있었다. 이러한 복합적 심상에 미적 요소를 더하고 있는 게 뻐꾸기 소리이다. "찔레순 꺾어 먹으며 / 허기를 달랠 때 // 먼 산 / 뻐꾸기 울고 있었지" 어린 시절의 그 궁핍한 현장에서 뻐꾸기는 아무렇지도 않게 그저 울고 있었지만, 지금 되돌아보면 이 뻐꾸기는 그 시절을 증언하는 중요한 증언자가 된다. 아무렇지도 않게 울었던 순수한 자연으로서의 뻐꾸기 울음소리가 찔레꽃에 얽힌 시인의 모든 체험을 강화하고 마무리하고 있으니, 이런 조화가 바로 시적 여운의 한 전형이 아닌가 여겨진다.

> 아침부터 / 어디서 쑥국새 우는 소리 들린다 // 전쟁에 나가 잃은 자식 / 가슴에다 묻고 // 여기저기 / 그 이름 부르며 실성이다 / 넋 새가 되어 // 유월이 오면 // 설움이 도져 / 울다 그치고 또 울다 그치고 저 쑥국새 / 흐느끼는 소리 // 자식을 / 먼저 보낸 부모의 슬픔을 / 참척慘慽이라 했던가 // 까마귀 한 마리 / 허공을 날으며 깍깍 내지르는 소리 // 세월이 / 약이라 한다.
> ―「유월 쑥국새」 전문

시인의 아픔은 물론 개인적 아픔으로만 제한될 수 없으리라. 민족의 비극인 6·25전쟁 체험은 시인의 고향 부안땅에서도 피해갈 수 없었으리라. 10대 초반에 겪었던 민족적 비극이요 참상이었던 전쟁체험 중 시인이 내세우고 있는 가장 큰 아픔으로 '참척慘慽'의 고통을 보여주고 있는데, 이를 형상화한 작품이 「유월 쑥국새」라 하겠다. 시집을 통해서 본다면 어린 시절의 보릿고개와 6·25전쟁 체험은 시인의 삶에서 가장 크게 다가오는 고통이었을 것으로 여겨진다.

먼저 이 시의 구조를 보면 앞뒤로 두 종류의 새가 등장하는데, 쑥국새와 까마귀이다. "아침부터 / 어디서 쑥국새 우는 소리 들린다" 유월 어느 날 들려오는 쑥국새를 통해 시인은 그 옛날 어린 시절의 그 아픔을 떠올린다. 전쟁통에 자식을 가슴에 묻고 죽어서도 못 잊어 6월만 되면 쑥국새는 찾아와서 당시 겪었던 시인의 아픔을 재소환하고 현재의 마음까지 지속적으로 흔들어 놓는다. 그러나 자연에는 본래의 상태로 되돌아가게 하는 장치가 있으니, 현상계의 어떤 경우의 수도 결국은 돌고 돌아서 텅 빈 '공空'의 세계로 순환하는 정화장치가 마련되어 있다. 불교적 상상력을 발휘할 줄 아는 시인은 이 지점에서 '까마귀' 한 마리를 풀어놓는다.

아픔을 불러온 '쑥국새'와는 반대로 '까마귀' 한 마리를 등장시킴으로써 시인은 마냥 슬픔에만 머물 수 없는 민족적 상황에 반전의 장치를 마련하였다. 허공에 풀려나간 '까마귀' 한 마리의 "깍깍" 내짖는 소리를 통해 "자식을 / 먼저 보낸 부모의 슬픔을 / 달래주는" 극적인 정화의 장치를 설정한 것이다. 이 시의 마무리로 내놓은 "세월이 / 약이라 한다."에는 그 어떠한 아픔과 비극일지라도 그 역사적 교훈을 잊지 않으면서도 결국 모두를 순리로써 수용하고 극복해야 한다는 시각을 보인 것으로 해석된다.

3. 차오르는 법열이여

 앞의 제1장에서는 인간은 '사유하는 존재'임을 말하면서 류 시인의 「시인의 길」과 「당쟁이넝쿨」 두 작품을 통해 시인의 내적 지향점을 살펴보았고, 2장에서는 류 시인이 걸어온 자취와 애환이 담긴 시를 통하여 그에 내재하였을 삶의 고통이 어떻게 극복되어 왔는가를 대강이나마 살펴볼 수 있었다. 이제 3장에서는 어린 시절 어머니의 손을 잡고 부안 고향의 석불산을 오르며 가슴에 '불佛씨'를 심은 이후 시인의 마음속에선 '불씨'가 점점 자라나고 있었으리라 추측할 수 있다. 그는 경찰공무원 30여 년의 봉직을 마친 이후에 본격적으로 불교공부를 하게 되는 계기를 마련하였으니, 〈전북불교대학〉 불교학과의 졸업이 그것이다.

 또 그 무렵 시공부도 시작하게 되었으니 류 시인에게서 불교공부와 시공부는 애초부터 둘로 나누어질 성질의 것이 아니다. 하이데거가 말한바 "인간이란 자기 자신의 현존재를 증명한다는 바로 그 점으로 해서 인간으로 존재하는 것이다."라는 내용을 상기할 때 깨달음을 향한 불교공부와 이를 토대로 하는 시공부는 그야말로 류 시인에게 물고기가 물을 만난 듯이 어울리는 도전이었을 것으로 짐작된다. 힘들어도 신명나는 일이었기에 「당쟁이넝쿨」에서 말한 것처럼 "무르팍 / 가슴팍이 깨져도" 그는 "천애의 절벽을 올라야" 했을 것이고, 그런 자세로 "면벽 수행의 길"을 걸어왔을 것으로 여겨진다. 그의 이번 시집 『화엄사 홍매화』에 불교적 소재의 시들이 상당수 눈에 띄는 이유도 그런 연유에서 비롯

되는 것이리라.

이번 3장에서는 불교적 소재를 활용하여 시를 창작한 작품을 살펴보고자 한다. 이는 곧 그러한 작업을 통해 그의 시에 나타나는 불교적 특성과 깨달음을 지향해온 그의 내면적 특성을 더욱 가깝게 고찰할 수 있지 않겠는가 하는 필자의 바람을 반영한 것이라 할 수 있겠다.

    화엄사 / 불교용품점에서 죽비 하나 구했다 // 곁에 / 두는 것만으로도 // 방棒과 / 할喝이 되리라는 생각으로 // 내 안에 / 부처를 모시고도 // 부처의 주소를 찾아 / 여기저기 밖으로만 기웃거리던 내 / 어리석음 // 탁…… // 죽비竹篦 소리가 / 나를 깨운다.

—「죽비」 전문

평생 깨달음을 추구해온 류 시인의 시에서 최대 장점을 꼽으라면, 생활 속에서 시의 소재를 찾고 이를 깨달음을 향하는 내적 주제로 승화시키고 있다는 사실을 말할 수 있으리라. '지금 여기'라는 실존의식은 어느 시대를 막론하고 시를 비롯한 모든 예술의 공통적 기반이라고 말할 수 있다. 위의 시 「죽비」는 이해하기 쉬운 작품이면서도 교과서적이라고 말할 수 있을 만큼 깨달음을 지향하는 불교시로서 균형이 잘 잡혀 있는 기승전결의 구조를 지니고 있다.

먼저 '기'에 해당하는 "화엄사 / 불교용품점에서 죽비 하나 구했다"라는 진술은 비록 평범하지만, 이 시 전개의 출발점이면서 독자들로 하여금 이 시의 시적 리얼리티를 감지하게 하는 중요한 장치가 된다. 2~3연은 '승'의 단계로서 '죽비'를 구입한 사유가 제시된다. 여기서 죽비가 지닌 '방棒'과 '할喝'의 기능을 말하고 있는데, 이는 선사가 제자들에게 깨우침을 줄 때 사용하는 '몽둥이'와 '고함'이다. 깨달음의 그 자리를 말로 표현할 수 없기에 선사들은 각 개성에 따라 몽둥이나 고함소리를 사용하기도 한다. 여기서 죽비는 시적 화자에게 긴장을 풀지 말고 깨어 있으라는 상징물로 사용된 것이다.

  이 시의 주제는 '전'에 해당하는 4~5연에 놓여 있다. "내 안에 / 부처를 모시고도 // 부처의 주소를 찾아 / 여기저기 밖으로만 기웃거리던 내 / 어리석음" 시인은 이 표현을 자신뿐 아니라 독자들과 함께 새겨보려는 것이다. 독자들이라고 해서 이 말의 속뜻을 모르겠냐마는 중요한 것은 말이 아니라 체험이다. 깨달음은 말이 아니라 실존적 체험에서만 얻을 수 있기 때문이다. 시인 역시 자기 안에 내재하는 법신불을 시를 통해서 다시 확인한 것이라고 할 수 있다. '결'은 6~7연이다. "탁…… // 죽비 소리가 / 나를 깨운다." 이 시의 주제에 맞게 죽비소리도 들리고 죽비 주인의 뜻에 맞게 기능을 하고 있다. 결국 그래도 남는 것은 부처가 내 안에 어떻게 존재하는가에 있는데, 이는 감상자의 나름으로 감상할 수밖에 없다. 그런 점에서 "밖으로만 기웃거리는 내 어리석음"이라는 표현은 시적 균형을 이루면서 내 안의 부처를 떠올리게 하는 아이러니 효과를 보여준다.

법당에 가부좌로 / 내 안의 나를 꺼내어 찬찬히 바라본다 // 텅 비우면 / 온 우주를 품에 안고도 / 남지만 // 한번 접으면 / 바늘 하나 꽂을 자리 없는 / 내 마음 // 생의 저녁이 오면 / 무엇이 나를 증언해 줄까 // 언제나 그 자리 / 결가부좌로 앉아 계시는 부처님 / 나를 묻는다 // 할喝 // 너는 / 몇 근인가.

―「나를 묻다」 전문

　산문에 들어 / 산의 침묵을 새기며 산을 오른다 // 진달래꽃 / 한 무더기 환하게 / 나를 반겨 // 그곳 / 빈 의자에 흐르는 물소리 / 듣고 있으면 // 바람결에 실려오는 / 염불소리 // 이 뭣고? // 화두 하나 / 그 질문을 던지며 대원사 / 절 마당에 올라서니 // 대웅전 / 추녀 끝에 바람의 종소리 // 세상의 / 알음알이를 모두 내려놓으라 한다.

―「바람의 종소리」 전문

　위 두 편의 시도 앞의 시「죽비」와 마찬가지로 기승전결의 순서가 보이고 균형이 잘 잡혀 있다. 류 시인 시의 특징으로 균형이 잘 잡혀 있는 안정감을 말할 수 있을 듯하다. 이런 안정감은 그의 내면의 안정감과 간명하게 살아가는 일상의 현실성에서 비롯되는 것이라 해도 크게 벗어나지 않으리라. 위 두 편의 시에는 불교적 화두가 시의 핵심 내용으로 작용하고 있다.「나를 묻다」의 핵심은 "언제나 그 자리 / 결가부좌로 앉아 계시는 부처님 / 나를 묻는다 // 할喝 // 너는 / 몇 근인가."에서 찾아진다. 내 앞 법당의 부처가 나에게 묻는 형식이지만, 사실 자문자답이다. 부처가 나를 향해 "할" 하며 외친다. "너는 몇 근이냐." 하며 대답하라는 것이다. 여기서 어떤 대답을 한들 정답이 말로 나올 수가 없다.

그러나 해답은 이미 앞에 주어져 있다. "텅 비우면 / 온 우주를 품에 안고도 / 남지만 // 한번 접으면 / 바늘 하나 꽂을 자리 없는 / 내 마음" 이 내용은 달리 말하면 '일체유심조'를 말한 것이라 할 수 있다. 내가 마음을 비우고 일체의 생각, 감정, 오감을 내려놓으면 시간과 공간을 떠난 자리 즉 '한마음(참나)'을 얻어 우주까지도 다 품을 수 있지만, 현실의 무지와 집착에 잡혀 있게 되면 바늘 하나 꽂을 수 없는 '갇힌 마음'이 된다는 것이다. 즉 이 시는 마음을 비우고 '공적영지空寂靈知'에 들면 "너는 / 몇 근인가"에 대한 해답이 나온다는 것을 암시한다는 것이다. 어느 날 동산화상에게 한 선승이 "어떤 것이 부처입니까?" 하고 물으니, 동산화상이 "마麻 서근三斤"이라고 말한 것에서 유래하는데, 상호 대화에서 일어나는 대화 "마 서근"이라는 표현은 지극히 평범하고 일상적인 표현을 상징적으로 끌어온 것일 뿐이다. 결국 깨달음을 얻고 보면 일상의 모든 게 부처라는 표현을 동산화상이 일상적 표현으로 답한 것이라 할 수 있다.

위의 「풍경소리」에도 "이 뭣고?"라고 하는 화두가 시의 중심에 자리 잡고 있다. 이 시 역시 화두에 대한 해답이 자연스럽게 시의 내용에 담겨 있다. "이 뭣고?"는 사실 나의 '안이비설신의' 육근을 작용하게 하는 것은 무엇인가, 라는 말이라 할 것이다. "추녀 끝 바람의 종소리 // 세상의 / 알음알이 모두 내려놓으라 한다"라는 표현처럼 화두를 풀기 위해서는 알려고 하는 모든 마음을 내려놓아야 한다는 것이다. 자신의 생각을 내려놓지 않는 한 자기 본래의 '텅 빈 알아차림'을 감지할 수 없기 때문이다. 앞에서 말한 『수심결』에서 "만일 앎을 구하고자 하면 곧 앎을 얻지 못할 것이요, 다만 알지 못할 줄을 알면 이것이 곧 견성이니라."라는 말과 그대로 일치한다. 그러한 깨달음의 수동성 상태에서 자기 내면의 '참나'가 드러난다는 것인바, 그러한 세계에서 "진달래꽃 / 한 무더기 환하게 / 나"를 향하여 다가오고, 흐르는 물소리도 들려오고, 바람결에 염불소리도 들려온다는 것이다. 시인은 자연스럽게 "이 뭣고?"에 대한 해답을 보여준 것인데, 이를 알아듣고 감지하는 일은 각자의 직관적 감성에 달려 있다 할 것이다. 류 시인의 시들은 이해하기가 쉬운 듯하면서도 그 시의 감상에 있어서는 감상자 각자의 보는 눈에 따라 차이가 크게 나타날 수 있다는 게 류 시인 시의 한 특징이라고 할 수 있을 것이다.

언제나 그 자리 / 결가부좌로 선정에 들고 있는 부처님 // 그 앞에 / 참회하며 절합니다 // 한 생애가 / 몸과 / 입과 / 생각으로 지은 죄 // 항하의 모래알보다 더 많아 / 오체투지로 / 나를 / 내려놓으면 // 온몸에서 / 비 오듯 흘러내리는 / 죄의 찌꺼기 // 내 안의 / 가시가 빠져나간 듯 업장이 녹아내리고 // 그 자리에 차오르는 / 법열法悅이여
― 「백팔참회」 전문

불교에서는 현상계의 모습을 '천도·인도·수라·축생·아귀·지옥' 등의 상징적 표현으로 그려낸다. 이러한 육도세계는 결국 자신의 생각, 감정, 오감이 지어내는 것이라 하겠다. 그러한바 현상계를 살아가면서 최종적으로 관리해야 하는 것은 자신의 '마음세계'라는 것이다. 따라서 자신의 본래 청정광명한 마음 즉 '참나'를 회복하기 위해서는 자기에게 달라붙어 있는 업장과 습을 털어내는 과정이 필요할 것인즉 그것이 바로 참회인 것이다. "한 생애가 / 몸과 / 입과 / 생각으로 지은 죄 // 항하의 모래알보다 더 많아 / 오체투지로 // 나를/ 내려놓으면 // 온몸에서 / 비 오듯 흘러내리는 / 죄의 찌꺼기" 이러한 시적 표현이 있기까지 시인은 법신불 전에 백팔배도 하면서 많은 참회의 과정을 보내왔을 것이다. 그때 비로소 내 안에 찾아오는 게 '본래면목'을 만나는 기쁨인즉 이 시의 마무리에서 보여주는 "내 안의 / 가시가 빠져나간 듯 업장이 녹아내리고 // 그 자리에 차오르는 / 법열이여"가 바로 그러한 순간을 형상화한 것이라 하겠다.

  간밤을 설치고 / 달려왔다 // 산수유 그 노란 물결 따라 달려온 / 구례 화엄사 // 절 마당 가로질러 / 대웅전 앞 돌계단을 올라서니 // 각황전 곁에 / 삼백 년 예불로 키운 / 홍매화 한 그루 // 그 향기 / 도량에 가득하다 // 활활 / 타오르는 불꽃 찾아 // 전국 / 여기저기서 날아든 불나비들의 / 야단법석 // 그 속에 / 나도 풍덩 빠져버렸다.
          — 「화엄사 홍매화」 전문

두꺼운 업장이 물러나는 참회의 시「백팔참회」를 통해 시인의 "차오르는 법열" 한 부분을 살펴볼 수 있었다. 이제 300년 된 홍매화 한 그루를 내세우고 법의 잔치로 깨달음의 축제가 벌어진 양 기쁨에 넘쳐 있는 시「화엄사 홍매화」를 살펴본다. 이 작품 역시 기승전결의 구조로 이루어져 있으며, 이런 순서로 고찰함으로써 작품의 미적 구조가 선명하게 드러남을 확인할 수 있다. 1~2연(기)은 구례군 산동면 산수유마을을 거쳐 화엄사에 이르는 노정을 보여준다. "간밤을 설치고 / 달려왔다" 이 짧은 진술을 깨달음을 향해 설레는 마음으로 살아온 화자의 긴긴 인생노정의 함축적 제시로 보면 가장 어울리는 감상이 되리라. 3~5연(승)에서는 화엄사의 각황전 옆 수령 300년의 홍매화가 활짝 피어 홍성스러운 분위기를 "절집 도량이 흥건했다"라는 짧은 은유적 표현을 통해 절정에 이른 개화의 현장을 실감나게 그려냈다.

　6~7연(전)에서는 홍매화라는 주체와 "활활 / 타오르는 불꽃"을 보기 위해 몰려든 객체가 어우러져 가히 '야단법석'을 이룬 현장을 그려낸다. 불꽃으로 "활활 / 타오르는" 홍매화는 법을 전하는 전법자가 되고, 이 법을 듣기 위해 모여든 대중은 '불나비'가 되어 한판의 '법의 잔치'가 이루어진 것이다. 그러나 아직 한 부분 미진한 것이 남아 있다. 아무리 큰 잔치가 벌어진들 주인공이 빠져서는 화룡점정이 이루어지지 않는다. 8연(결) "그 속에 / 나도 풍덩 빠져버렸다."의 기능이 바로 화룡점정의 역할을 수행한다. 앞서 "그 향기 도량에 가득하다"라는 표현의 적확함이 시감상의 묘미를 끌어올리듯이 "나도 풍덩 빠져버렸다"라는 은유는 이 작품에서

시적 화자의 내면을 실감나게 그려내면서 동시에 여운을 주며 마무리하는 시적 기교를 보여준다.

4. 오로지 오늘을 살다가

　불교적 색채가 대체로 짙게 나타나는 류인명 시인의 시가 지닌 시적 경향을 살펴보았다. 3장에서는 시 속에 불교적 소재가 뚜렷한 작품을 고찰한바, 4장에서는 불교적 색채가 겉으로 드러나지 않고 그 주제가 내면화하여 그려지고 있는 작품들을 살펴보려고 한다. 종교적 경향성이 겉으로 드러나지 아니하면서 이를 내면화하여 일상적 표현으로 자유롭게 형상화하는 일은 객관적 언어예술이 갖추어야 할 기본적 자세라 할 것이다. 다음 작품들은 불교적 소재에 의존하지 않으면서도 불교적 철학과 실존의식을 예술적으로 융합하여 이를 생활의 예술로 승화시키고 있는 작품의 예라 할 수 있을 것이다.

　　누가 / 흘리고 갔을까 // 저무는 길바닥에 / 신발 한 짝이 잃어버린 제 짝을 / 애타게 기다리고 있다 // 한 생애가 / 누군가를 위하여 밑바닥으로 / 살아왔을 // 저 세월의 무게 // 바람이 혼자 남은 신발 속을 기웃거리다 / 서둘러 가버린다 // 어둠이 길을 지워도 / 오지 않는 반쪽을 기다리며 // 붙박이처럼 / 그 자리 꼭 지키고 있는 저 // 검정 하이힐 / 한 짝
　　　　　　　　　　　　　　─「다른 한 짝」 전문

검정 구두 한 짝이 "잃어버린 반쪽"을 애타게 기다리고 있는 형국의 이 시는 자신의 정체성을 찾지 못한 채 고독한 모습으로 현실의 무게를 감당해야 하는 현대인의 상황을 상징한다. 여기서 "잃어버린 반쪽"이란 결국 앞에서 맹자가 말한 "잃어버린 마음"을 의미하지 않겠는가? "학문의 길은 잃어버린 마음을 찾는 것일 뿐 다른 것이 없다"고 한 맹자의 말과 『신심명』을 통해 "도에 이르기는 어렵지 않나니 오직 간택하기를 싫어하라. 다만 미워하고 사랑하고만 하지 않으면 환하게 밝아지리라."라고 말한 선종禪宗의 3조 승찬의 말은 물질문명의 혜택에 고스란히 빠져 들어가는 작금의 현대인들에게 국면을 전환할 수 있는 희망의 메시지로 울려온다.

이런 점에서 볼 때 누군가를 위하여 한평생 밑바닥으로 살아왔어도 어둠 속에서 외롭게 떨고 있어야 하는 현대인의 실상을 '구두 한 짝'의 고독한 모습으로 상징화한 것은 현대인을 바라보는 시인의 측은지심이요, 자비의 마음에서 비롯한 것이리라. 여기에는 마음만 먹으면 얼마든지 자신의 안에서 '잃어버린 마음'을 찾을 수 있을 것이라는 전제를 담고 있는 시인의 안타까운 심정을 표현한 것이라 할 수 있겠다. 자신의 내부에 '법신불' 내지 '잃어버린 마음'이 있다고 하는 동양사상의 주장은 그리스도교의 신약 시대를 연 예수의 주장을 통해서도 쉽게 찾아진다.

『성경』의 「마태복음」에서 예수가 "구하라 그러면 너희에게 주실 것이요, 찾으라 그러면 찾을 것이요, 문을 두드리라 그러면 너희에게 열릴 것이니, 구하는 이마다 얻을 것이요, 찾는 이가 찾을 것이요, 두드리는 이에게 열릴 것이니라."*** 라고 주장한 것은 인간들이 가장 시급하게 구하고 얻어야 할 것이 바로 '잃어버린 마음'임을 강조한 것이라 할 수 있다. 아울러 찾기만 하면 누구나 찾을 수 있다고 예수가 자신 있게 강조한 것도 역시 인간의 내부에는 누구에게나 신성하고 절대적인 마음이 존재한다는 사실을 익히 알고 있기 때문이라는 것을 짐작할 수 있다.

바람이 목놓아 울다 간 자리 / 내가 홀로 서 있다 // 지난날 / 서슬 퍼렇던 그 / 칼날들이 // 마른 / 삭정이가 되어 // 서로가 / 서로를 기대며 은빛 물결로 / 일렁이고 있다// 한 생애가 / 만고풍상 다 견뎌내고 / 노을 앞에서 // 백발을 / 흩날리며 / 비틀거려도 고꾸라지지 않으려고 / 서걱거리는 저 // 붉은 / 내 울음이여

―「가을억새」전문

한 무리의 바람이 / 길바닥을 쓸고 가버린다 // 잠시 머물다 / 사라질 내 것 아닌 / 내 것들 // 나뭇잎이 / 지고 있다 // 나무들은 / 놓아야 할 것이 무엇인지를 / 잘 알아 // 때가 되면 // 제 살점 뚝뚝 잘라내는 / 나뭇잎들의 // 저 말 없는 / 말들

―「무설설」전문

*** 『성경』의 「마태복음」 7~8장

그러나 인간은 쉽게 그 잃어버린 '한마음' 즉 '참나'를 얻을 수가 없다. 도를 구하는 자에게는 시련의 과정이 있어야 하고, 좌절하지 않고 끝없이 정진하는 가운데 상대적 세계의 유와 무를 넘어서는 직관적 체험이 있어야 하기 때문이다. 그 아픔의 과정을 형상화한 작품들이 위 두 편의 작품이라 하겠다. 「가을억새」에서 푸른 칼날처럼 서슬 퍼렇던 억새가 가을이 되어 이제 낡은 삭정이로 변해버린 초라함을 그려냈으되, 흔들리는 억새의 은빛 물결에는 만고풍상을 견디어낸 현존자의 기품이 아직 살아있다. 그 기품은 "노을 앞에서 // 바람에 비틀거려도 / 고꾸라지지 않"는 자의 내공에서 온다 할 것이다. 노을빛에 젖어 신음하듯 서걱이는 억새의 울음에는 푸른 칼날처럼 서슬 퍼렇던 젊은 날의 열정이 전혀 사라지지 않았으며, 오히려 그 열정이 승화된 모습으로 다가오는데, 이는 마지막 연 "붉은 // 내 울음이여"가 품고 있는 실존의식에서 오는 것이라 할 수 있다. 진정한 깨달음은 번뇌의 아픔에서 오는 것이며, 번뇌 속에서 좌절하지 않고 더욱 붉게 타오르는 세계가 곧 '번뇌즉보리'로 승화되어 나타나는 세계이기 때문이다.

다음의 시 「무설설」에서도 도를 구하는 자의 아픔이 내재되어 있다. "잠시 머물다 / 사라질 내 것 아닌 / 내 것들 // 나뭇잎이 / 지고 있다" 여기에는 고정불변의 실체가 없이 '공수래공수거' 끝없이 연기하며 돌고 도는 현상계의 모습이 그려지고 있다. 한 치의 오차도 없이 인과법의 적용을 받으며 "때가 되면 / 제 살점 뚝뚝 잘라내"야 하는 실존적 존재가 이 시 '무설설無說說'(말없는 말)의 '나무'로 등장한 것이라 할 것이다. 현상계의 이치는 봄처럼 자비롭기만 한 것이 아니고, 추워지는 가을이 되면 제 살점 뚝뚝 떼어내야 하는 인고의 아픔도 함께한다는 사실을 이 시「무설설」은 보여주고 있다. 춘하추동의 순서로 돌아가는 현상계의 모습을 보면, 현상계를 굴리는 법신불 '참나' 속에 내재한 본유종자의 이치를 그려볼 수 있게 된다. 이러한 이치가 곧 "색즉시공 공즉시색"의 이치로 나타나는 것이라 할 것이다.

> 감나무 가지 끝에 / 작은 등 하나 // 허공을 / 환하게 밝히고 있다 // 한 생애가 / 천둥과 사나운 비바람에 맞서 / 떫은 맛 다 우려내고 // 묵묵히 / 소신공양 기다리며 // 그 꿈 / 꽉 붙잡고 있는 // 가난한 / 저 고집固執 하나
> ―「홍시 하나」 전문

앞의 시「홍시 하나」에서 '홍시'를 '작은 등' 하나로 은유하고, 이 등불이 '허공'을 환히 밝히고 있다는 비유가 참신하다. '허공'을 밝히고 있다는 것은 자신의 내면을 비우며 살아온 '한 생애'의 모습을 상징한 것이라 할 것이다. 여기까지 오기에는 "천둥과 사나운 비바람에 맞서 / 떫은 맛 다 우려내고 // 묵묵히" 실천해온 자의 깊은 내공의 과정이 있었을 것이다. 아무리 그렇다 해도 결국 이 시의 핵심은 '소신공양'에서 찾아진다. "떫은 맛 / 다 우려내"는 과정이 '성불成佛'의 과정이라면, 자신을 태워 헌신하는 '소신공양'은 중생을 제도하는 '제중濟衆'에 해당한다.

까치밥으로 감나무 가지 끝에 꼭 매달려 있는 모습은 영락없는 '제중'의 모습이다. "흔들려도 // 그 꿈 / 꽉 붙잡고 있는 // 가난한 / 저 고집 하나" 일찍이 까치밥으로 남아 있는 홍시 하나를 '성불 제중'의 한 상징으로 그려내고, 불도를 닦고 있는 한 수행자의 간절한 모습으로 이렇듯 절실하게 그려낸 적이 있었을까. 특히 "가난한 / 저 고집 하나"는 분발심이 가득 차 있는 수행자의 모습을 유감없이 발휘한 은유적 표현이라 하겠다.

> 오늘도 / 하루가 무심히 가버렸다 // 한 생애가 / 세월의 벼랑 끝에서 // 지나온 길 / 뒤돌아보니 한바탕 꿈이었다 // 이젠 / 하루를 덤으로 / 생각하며 // 어제도 없고 / 내일도 없고 // 오로지 / 오늘을 살다가 // 그날이 오면 / 홀연히 바람으로 가리라.
> ―「하루살이」전문

류인명 시인이 보여주는 시적 상징성의 탁월함은 위의 시「하루살이」에서도 확인된다. 시의 구조는 기승전결의 구조로 잘 갖추어져 있어 형식 자체만으로도 완결성을 느끼게 한다. 그래도 이 시의 주된 미의식은 '하루살이'를 제목으로 삼으면서 발생하게 되는 불교적 상상력에서 오는 것이라 할 것이다. "한 생애가 / 세월의 벼랑 끝에서 // 지나온 길 / 뒤돌아보니 한바탕 꿈이었다" 앞의 시「홍시 하나」에서도 '한 생애'가 등장하는데, 이 시에서도 '한 생애'가 나타나고 있다. 이는 시인 자신의 모습을 형상화하면서 나타나게 된 시적 자취라 할 수 있으리라. '하루살이'라는 제목은 "뒤돌아보니 한바탕 꿈이었다"라는 인간적 공허감을 충분히 잘 담아내주고 있다.

　이 시의 매력은 4-6연 "이젠 / 하루를 덤으로 / 생각하며 // 어제도 없고 / 내일도 없고 // 오로지 / 오늘을 살다가"에서 찾아진다 할 것이다. "이젠 / 하루를 덤으로 / 생각하며"에서는 깨달음을 향하여 살아온 수행자의 여유가 느껴지며, "어제도 없고 / 내일도 없고 // 오로지 / 오늘을 살다가"에서는 '참나'의 현존의식 속에서 살아가는 수행자의 본래면목을 그대로 보여주고 있기 때문이다. 아무리 돌고 돌아도 법신불 '참나'는 시공을 초월한 불변의 것으로서 '지금 여기'라고 하는 영원한 현재성으로 존재하는 것이기 때문이다. "오로지 / 오늘을 살다가"라는 간단하고 평범한 말에는 류인명 시인이 도달한 불교적 세계를 가장 극적으로 담아낸 표현이 아닐까? 마지막 연 "그날이 오면 / 홀연히 바람으로 가리라."라는 표현은 제목 '하루살이'에 어울리면서 시적 여운을 주는 마무리 기능을 한다.

　우리 인간은 '잃어버린 마음' 하나를 찾기 위해 한평생이라고 하는 기나긴 여정을 살아오는 것일까? 공자는 "아침에 도를 들으면 저녁에 죽어도 좋다(朝聞道夕死可矣)"라는 말로 깨우침의 중요성을 강조한 바 있거니와, 다소 늦더라도 천명을 알고 살아가는 자의 마음은 비로소 쫓기는 형국에서 벗어나 고향을 얻은 듯한 여유를 지니게 될 것이다. 공자가 말한 '도'라는 것도 결국 '잃어버린 마음'을 회복하라는 뜻을 밝힌 것이라 하겠다. 또 우리 민족의 고전 중의 고전이라고 할 수 있는 『삼일신고』의 '신훈'조에서 말한 "네 본바탕으로부터 씨를 구하라. 머릿골에 내려와 계시니라.(自性求子 降在爾腦)"라는 표현도 이미 자신 안에 초월적인 순수의식(양심)이 존재하고 있다는 사실을 밝힌 것이라 하겠다.

  류인명 시인의 시는 난해하지 않고 간명하다. 겉으로 치장하지 않으며 그런 일과는 전혀 거리가 멀다. 그의 시 창작 활동은 자신을 철저하게 성찰하는 일에서부터 시작한다. 잃어버린 마음을 회복하고자 하는 그의 시는 구도의 시이며, 그 구도의 내용을 어떻게 담을 것인가가 시인으로서 이루어지는 그의 창작 활동이었음을 살펴볼 수 있었다. 그 결과 류 시인의 시는 시를 감상하는 자의 눈에 맞게 내적 감상도 일어나게 되는 심층적 내용구조를 지니고 있음을 확인할 수 있었다. 자신의 삶을 반조하며 자신을 '하루살이'라는 은유로 표현함으로써 비로소 '오늘'을 살아가는 실존주의의 현상학적 '하루살이'로 거듭나게 되는 것도 깨달음을 지향하며 살아온 시인에게 주어지는 큰 우로雨露가 아니겠는가? 이는 모든 간택을 내려놓고 '평상심'을 회복하고자 하는 자의 분발심에서 일어나는 시적 아이러니라 할 수 있을 것이다. 긴 과정을 거쳐 마침내 제4시집 『화엄사 홍매화』를 상재하는 류인명 시인께 축하의 박수를 보내며, 앞으로도 계속 주옥같은 시들을 굴리어 내시길 축원한다.

류인명 시집

화엄사 홍매화

인쇄 2024년 10월 14일
발행 2024년 10월 17일

지은이 류인명
발행인 서정환
펴낸곳 신아출판사
주소 서울시 종로구 삼일대로 32길 36(익선동 30-6 운현신화타워 빌딩) 305호
전화 (02) 3675-5633, (063) 275-4000, (063) 251-3885
팩스 (063) 274-3131
이메일 essay321@hanmail.net sina321@hanmail.net
출판등록 제300-2013-10호
인쇄·제본 신아문예사

저작권자 ⓒ 2024, 류인명
이 책의 저작권은 저자에게 있습니다. 서면에 의한 저자의 허락없이 내용의 일부를
인용하거나 발췌하는 것을 금합니다.
저자와 협의, 인지는 생략합니다.
잘못된 책은 바꿔 드립니다.

ISBN 979-11-94198-59-8 03810

값 13,000원

Printed in KOREA

본 도서는 전라북도문화관광재단 2024지역문화예술육성지원사업의 지원을 받아
발간되었습니다.